Ce livre appartient à :

"Les esprits sont comme des fleurs, ils ne s'ouvrent que lorsque le moment est venu."

– Stephen Richards

"L'amour est comme une fleur, l'amitié est comme un arbre qui abrite."

– Samuel Taylor Coleridge

"Le bonheur retenu est la graine ; le bonheur partagé est la fleur."

– John Harrigan

"La vie est la fleur dont l'amour est le miel."

– Victor Hugo

"Si nous pouvions voir clairement le miracle d'une seule fleur, notre vie entière changerait."

– Buddha

"Planter un jardin, c'est croire en demain."

– Audrey Hepburn

"Chaque fleur doit pousser dans la terre."

– Laurie Jean Sennott

"L'amour est la fleur qu'il faut laisser pousser."

— John Lennon

"La politesse est la fleur de l'humanité."

– Joseph Joubert

"Les fleurs sont comme des amis, elles apportent de la couleur à votre monde."

– Unknown

"La terre rit dans les fleurs."

– Ralph Waldo Emerson

"Les fleurs ne racontent pas, elles montrent."

– Stephanie Skeem

"Les fleurs sont la musique du sol. Des lèvres de la terre parlées sans son."

– Edwin Curran

"Une fleur ne peut s'épanouir sans soleil, et l'homme ne peut vivre sans amour."

– Max

"Les fleurs ne s'inquiètent pas de savoir comment elles vont fleurir. Elles s'ouvrent simplement et se tournent vers la lumière et c'est ce qui les rend belles."

– Jim Carrey

"La fleur qui suit le soleil le fait même par temps nuageux."

– Robert Leighton

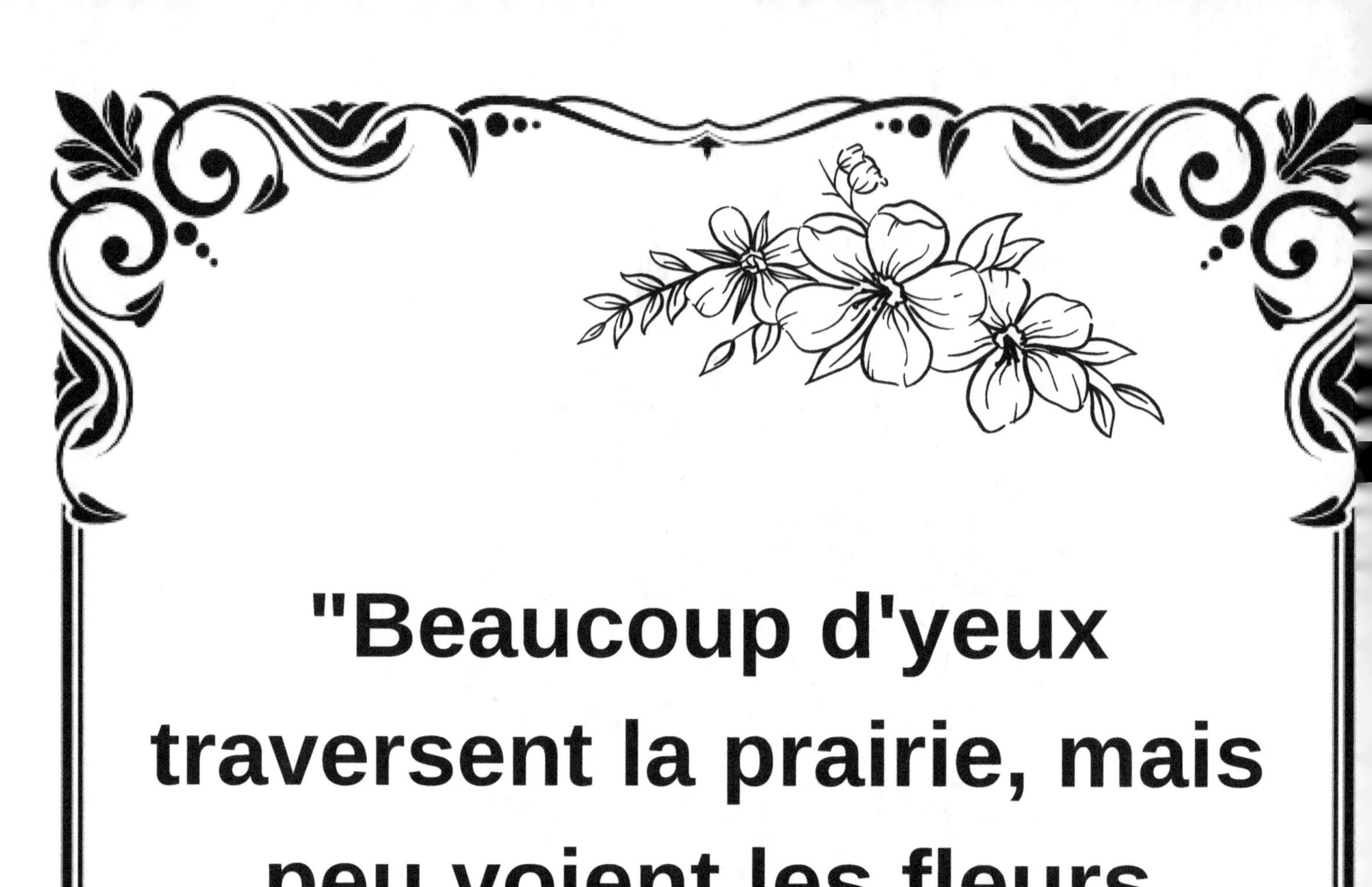

"Beaucoup d'yeux
traversent la prairie, mais
peu voient les fleurs
qu'elle contient."

– Ralph Waldo Emerson

"Là où les fleurs fleurissent, l'espoir aussi."

– Lady Bird Johnson

"Une fleur ne pense pas à entrer en compétition avec la fleur d'à côté. Elle s'épanouit tout simplement."

– Zen Shin

"Les Japonais disent que pour que la fleur soit belle, il faut la cultiver."

– Lester Cole

"Chaque fleur est une âme qui s'épanouit dans la nature."

– Gerard De Nerval

"Le papillon est une fleur qui vole, la fleur un papillon attaché."

– Ecouchard Le Brun

"La fleur qui suit le soleil le fait même par temps nuageux."

– Robert Leighton

"Les fleurs sont une fière affirmation qu'un rayon de beauté surpasse toutes les utilités du monde."

– Ralph Waldo Emerson

"Ne laissez pas les grandes herbes faire de l'ombre aux belles fleurs de votre jardin."

– Steve Maraboli

"Ouvrez la fleur de votre coeur et devenez un cadeau de beauté pour le monde."

– Bryant McGill

"**Même la plus petite des fleurs peut avoir les racines les plus solides.**"

– Shannon Mullen

"Une fleur qui s'épanouit dans le désert prouve au monde que l'adversité, aussi grande soit-elle, peut être surmontée."

– Matshona Dhliwayo

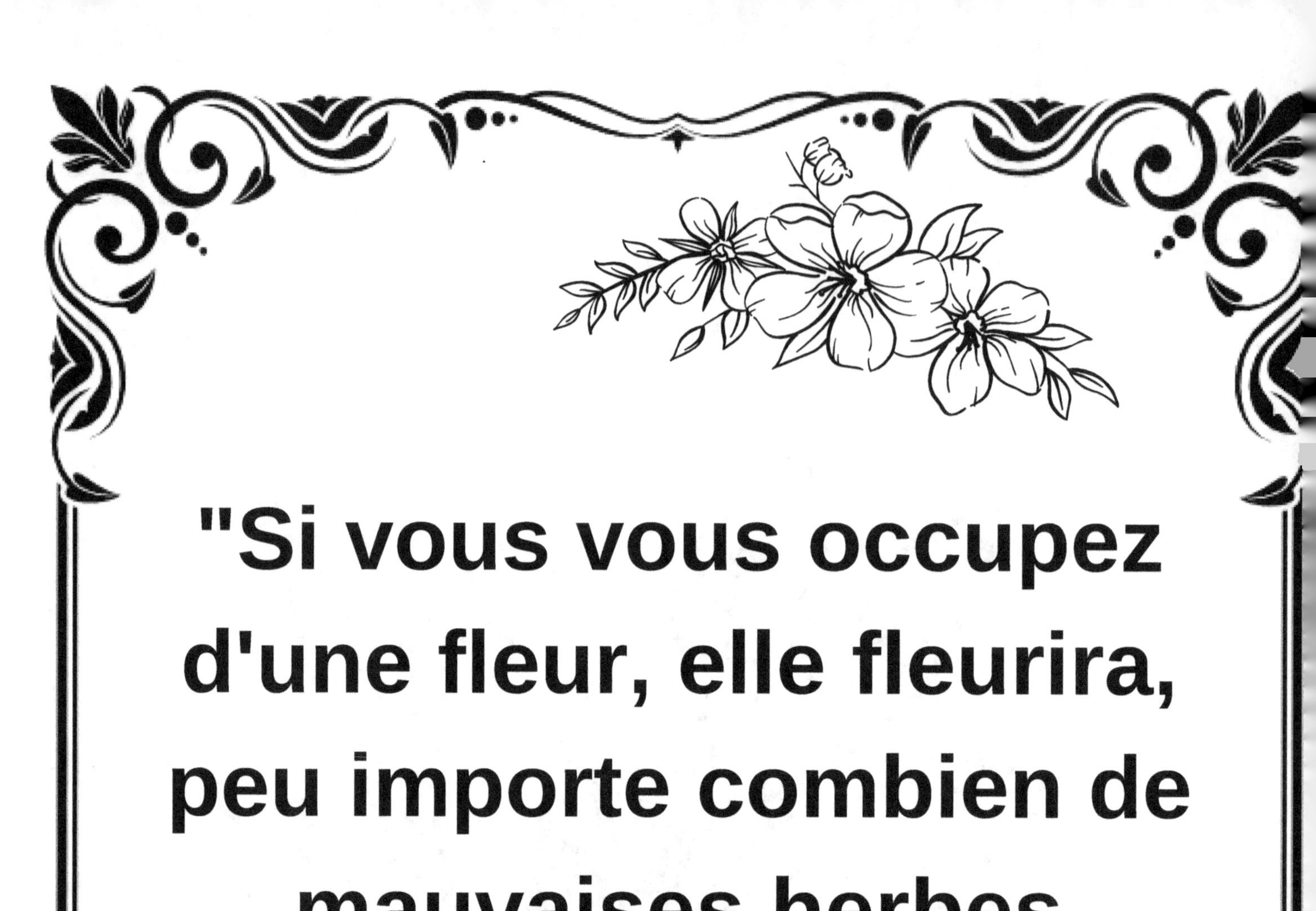

"Si vous vous occupez d'une fleur, elle fleurira, peu importe combien de mauvaises herbes l'entourent."

– Matshona Dhliwayo

"Le bonheur retenu est la graine ; le bonheur partagé est la fleur."

– John Harrigan

"Si tu regardes du bon côté, tu peux voir que le monde entier est un jardin."

– Frances Hodgson Burnett

"Les fleurs repoussent, même après avoir été piétinées. Moi aussi."

– Unknown

"Le printemps : Un joli rappel de la beauté du changement."

– Unknown

"Il y a toujours des fleurs pour ceux qui veulent les voir."

– Henri Matisse

"Les jardins et les fleurs ont le don de rassembler les gens, de les tirer de chez eux."

– Clare Ansberry

"Dans la joie comme dans la tristesse, les fleurs sont nos amies de toujours."

– Unknown

"Prenez le temps de sentir les roses."

– Proverb

"Quel endroit solitaire ce serait d'avoir un monde sans fleur sauvage !"

– Roland R. Kemler

"Si chaque petite fleur voulait être une rose, le printemps perdrait de sa beauté."

– Therese of Lisieux

"Les fleurs sont une fière affirmation qu'un rayon de beauté surpasse toutes les utilités du monde."

– Ralph Waldo Emerson

"Les fleurs murmurent
'Beauté !' au monde,
même si elles se fanent,
se flétrissent, tombent."

– Dr. SunWolf

"Toutes les fleurs de demain sont dans les graines d'aujourd'hui."

– Indian Proverb

"Mon amour pour toi s'épanouit chaque jour."

– Unknown

"Si j'avais une seule fleur pour chaque fois que je pense à toi, je pourrais me promener éternellement dans mon jardin."

– Claudia Adrienne Grandi

"Je préfère porter des fleurs dans mes cheveux, que des diamants autour du cou."

– Unknown

"L'amour est comme les fleurs sauvages, on le trouve souvent dans les endroits les plus improbables."

– Ralph Waldo Emerson

"Elle est comme une fleur sauvage, belle, féroce et libre."

– Unknown

"La meilleure relation est celle d'un jardinier et d'une fleur. Le jardinier nourrit et la fleur s'épanouit."

– Carole Radziwill

"L'amour est comme une belle fleur que je ne peux pas toucher, mais dont le parfum fait du jardin un lieu de délices."

– Helen Keller

"Elle faisait germer l'amour comme des fleurs, faisait pousser un jardin dans son esprit, et même les jours les plus sombres, de son sourire le soleil brillait toujours."

– Erin Hanson

Que pensez-vous de notre produit ?

N'attendez pas et partagez votre opinion avec nous !